*À Siegfried, Edgar et Esther*

**L'auteur-illustrateur**

Hélène Leroux-Hugon est auteur et illustrateur de nombreux livres d'activités manuelles. Elle enseigne les arts plastiques avec passion aux grands comme aux petits. Au contact des enfants, elle a développé une pédagogie, qui leur permet, à partir de formes simples, d'arriver à des résultats gratifiants, tout en créant des modèles pleins d'humour.

PETITS DOIGTS

# Ma ferme en pâte à modeler

HÉLÈNE LEROUX-HUGON

EDITIONS FLEURUS

# Introduction

Pastel, vive et tonique, ou fluo, la pâte à modeler met des couleurs plein les yeux !
Sa texture est souple, douce et agréable à manipuler. Ses différentes teintes sont stimulantes pour l'imagination créatrice de l'enfant.
Elle se laisse malaxer, rouler et pétrir pour le plaisir du geste. Elle se modèle en formes toutes simples qui s'assemblent pour se transformer en animaux : lapins, vaches, cochons et autres animaux de la ferme qui ont toujours autant de succès auprès des tout-petits.

# Formes de base

**Ramollis la pâte** en la roulant dans tes mains.

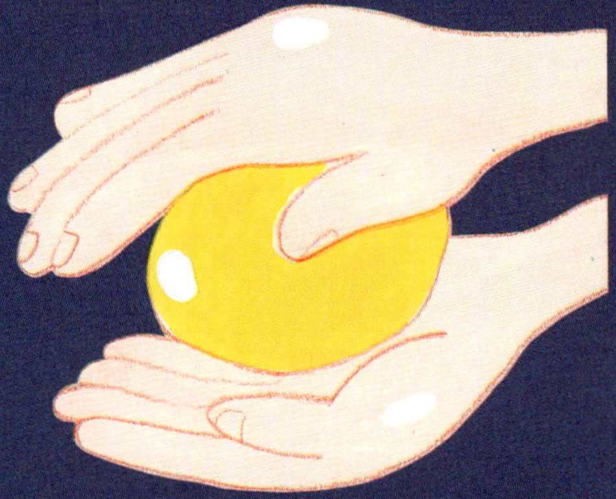

**Boule :** Prends un gros morceau de pâte et roule-le entre tes deux paumes.

**Boulette :** Fais une boule avec un petit morceau de pâte.

**Disque :** Pose une boule sur la table et aplatis-la. Tu peux faire un disque épais ou plus mince.

**Colombin :** Roule une boule sur la table, avec les mains bien à plat.

**Pour coller les formes,** presse-les doucement l'une contre l'autre.

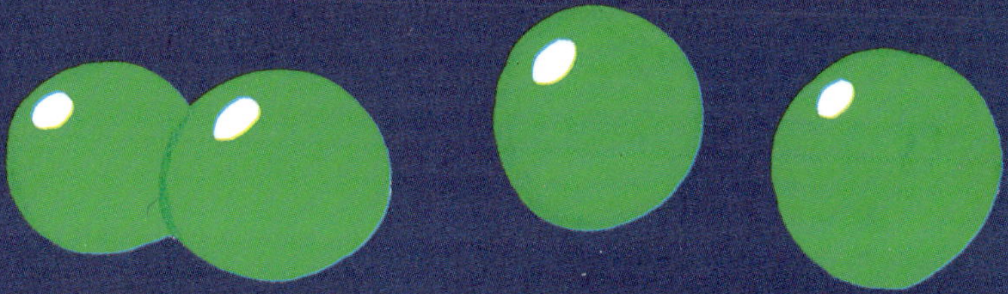

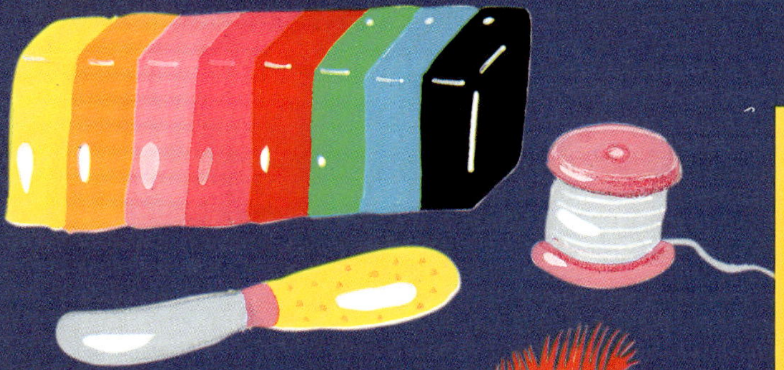

## Matériel

- pâte à modeler de toutes les couleurs,
- couteau en plastique à bout rond,
- cure-dents en bois,
- fil de fer fin à découper aux ciseaux,
- pailles,
- quelques plumes.

Quand tu arrêtes de jouer avec la pâte, range-la dans **une boîte hermétique.**

**Les grenouilles.**
**Le corps.** Modèle une grosse boule de pâte verte.

**Les pattes.** Forme deux larges disques de pâte verte et modèle-les avec un petit couteau. Assemble les pattes sous le corps.

**Les yeux.** Des boulettes blanches aplaties sur des boulettes vertes et des mini-boulettes rouges.
**La bouche et les narines.** Trace-les avec un cure-dents.

**Le canard.** Une boule ronde sur une boule ovale, un colombin pointu et une boulette étirée pour la queue et le bec. Fais les yeux avec des boulettes.

## Dans la mare, quel tintamarre !

**Le corps et la tête.** Une grosse boule noire et une plus petite au-dessus.

**Le bec.** Colle un petit colombin pointu et fais deux trous avec un cure-dents.

**Les barbillons.** Pince deux petits disques de pâte rouge.

**La crête.** Aplatis un disque et modèle la crête avec les doigts. Fixe-la sur la tête.

**Les yeux.** Pose deux minuscules boulettes noires sur des boulettes blanches.

**La queue.** Pique quelques jolies plumes.

# Cot, cot, cot... voici les poules

**Les ailes.** Modèle et colle ensemble quatre disques de pâte rouge.

**Le corps.** Place un colombin vert au milieu des disques. Décore-le avec des petits colombins noirs.

**Les antennes.** Découpe des morceaux de paille et fixe une boulette au bout.
**Les taches.** Décore les ailes avec des boulettes aplaties.

# Volez, volez, papillons !

**Le corps et la tête.**
Une boule un peu ovale et une plus petite dessus.

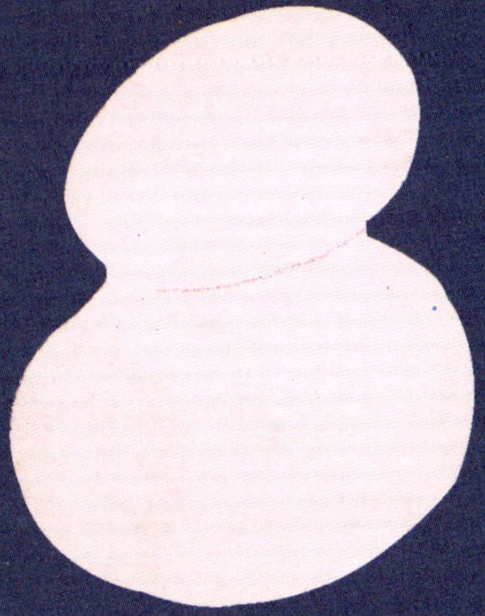

**Les oreilles.**
Arrondis deux colombins blancs. Colle une boulette rose étirée dessus.
**Le museau.** Colle un disque rose très mince sur la tête. Ajoute une boule pour le nez.

**Les yeux.** Deux petites boulettes bleues aplaties et deux mini-boulettes noires dessus.
**La queue.** Une petite boule blanche.
Termine ton lapin en faisant des petits trous avec un cure-dents.
**Les carottes.** Un colombin orange pointu au bout et un petit disque modelé au couteau.

# Six petits lapins coquins

**Le corps et les pattes.** Pose une grosse boule rose sur deux boules plus petites.

**Les oreilles.** Modèle deux disques roses. Pince-les et colle-les sur la tête.

**Le groin.** Un disque épais et deux petites boulettes rose foncé aplaties par-dessus.
**Les yeux.** Des mini-boulettes noires sur des boulettes blanches.

## Cochons ronds et tout mignons !

**Le corps et la tête.**
Deux boules jaunes.

**Les ailes.** Forme deux disques jaunes.
Modèle les ailes avec un petit couteau.

**Le bec et les yeux.**
Un colombin pointu
et des boulettes.

**La houppe.**
Enroule un petit
colombin et fixe-le
sur la tête.

# Piou, piou, les oiseaux !

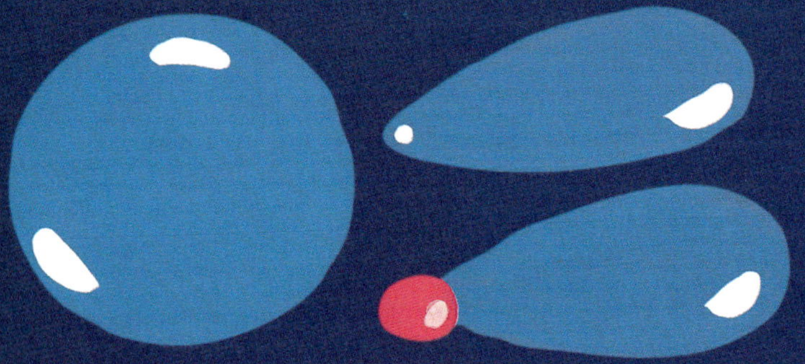

**Le corps.** Une boule bleue.
**La tête.** Étire une boule de pâte et ajoute une boule rose au bout.

**Les oreilles.** Fixe un disque de pâte blanche sur un disque bleu.
**Les yeux.** Aplatis deux boulettes blanches et pose deux minuscules boulettes noires par-dessus.
**La queue.** Modèle un long colombin fin.
**Les moustaches.** Pique des morceaux de fil de fer très fin au bout du museau.

## Gare au chat, petites souris...

**Le corps et la tête.** Assemble deux boules blanches ovales.

**Les pattes.** Deux boulettes.
**La queue.** Modèle un petit colombin. Fixe une boulette aplatie au bout. Découpe des petites franges.
**Les cornes.** Un petit colombin étiré à chaque bout.

**Les oreilles.** Deux disques.
**Les naseaux.** Un disque rose et deux boulettes aplaties.
**Les yeux.** Une mini-boulette sur une boulette.
**Des taches...** De toutes les formes !

# Meuh... font les vaches !

**Le corps.** Deux boules et un colombin.

**Les oreilles.** Modèle deux colombins en triangle. Ajoute deux boulettes aplaties.
**Le museau.** Un disque fin, une boule noire pour le nez, et deux colombins très fins pour les babines.

**Les yeux.** Aplatis deux boulettes vertes et pose deux minuscules boulettes noires par-dessus.
**Les moustaches.** Pique des morceaux de fil de fer très fin au bout du museau.
**Les rayures.** Modèle des bandes étroites ou utilise des ciseaux cranteurs.

# Où sont les souris, messieurs les chats ?

Tous les animaux se retrouvent dans la prairie.

Conception graphique : Isabelle Bochot
Photographies : Marc Téboul et
Bertrand Mussotte pour la double page finale
Stylisme : Hélène Leroux-Hugon
Édition : Christine Hooghe
Direction artistique : Danielle Capellazzi


Dépôt légal : mai 1998
ISBN 2-215-02329-5
Achevé d'imprimer en septembre 2003
par ***Partenaires-Livres®*** en France
4e édition - n°92323
Loi n°49-956 du 16 juillet 1949 sur les publications destinées à la jeunesse

Ce livre appartient à :

______________________

Offert par :

______________________